La Resistencia

Crónica estudiantil del 2 de Diciembre del 2007

Por

Agustín Rodríguez Weil

Agradecimientos

Con especial atención a: Ángel Zambrano, Guillermo Guzmán, Christian Fuentes, Daniel González, José Ramón Couto, Alejandro Trujillo, Rector Joaquín Rodríguez, Antonio Ricoy, Luis Guillermo Mendoza, Freddy Guevara, Elías Pino Iturrieta, Guillermo Guzmán, Lony Gutiérrez, A todos los miembros de P.R.O, Profesor José Gámez, María Margarita Rodríguez Weil, Eduardo Rodríguez Weil, María Cristina Rodríguez Weil, Jorge Pulido, José Bértolo, Carlos Christians, Manuel González, Andrés Cupello, Máximo Mendoza, Carlos Silva, Jon Anselmi, Gustavo Briceño, Alfredo Weil, a la luchadora familia Weil, a Memo y David Smolansky.

A mis padres y mis sobrinos, sobre todo, por existir.

A todos los protagonistas de esta historia, y a mi familia por su apoyo inagotable.

A todos aquellos compañeros de la lucha estudiantil de la Universidad Monteávila.
A Ronel, Eduardo, Ofo, Elia, Ali, Nacho, Angel, Ayala, Alfredo, Federica, Juan, Gaby, anita Cava, Alejandra R, Luis Eduardo, Miguelón, todo el grupo... Sin ellos este libro jamás hubiera existido.

Prólogo

Para muchos venezolanos el movimiento estudiantil es uno de los fenómenos políticos y sociales que mayor impacto ha tenido en el panorama político nacional de los últimos años. Sus repercusiones o implicaciones reales no podrán ser analizadas a cabalidad hasta dentro de mucho tiempo, cuando podremos observar hasta dónde llegaron los caminos abiertos.

Cuando el paso del tiempo haya tamizado y despejado todo el polvo levantado, se podrá iniciar el análisis histórico de esa gran etapa en el que una inesperada gama de jóvenes estudiantes logro inspirar a la población venezolana para defender la democracia y derrotar por primera vez en las urnas electorales a Hugo Chávez.

En ese momento, quienes se propongan estudiar la gesta estudiantil iniciado en el año 2007, contarán con diferentes documentos que los acercaran a una visión importante del momento: los diferentes reportes e investigaciones periodísticas realizadas durante ese año, los vídeos de entrevistas y discursos disponibles, y de seguro contarán con al menos algún dirigente que aún en la política, salte ante la idea de revivir su participación de aquellos sucesos.

Sin embargo, se puede caer en la trampa de aproximarse a su estudio únicamente a través de la visión expresada por los medios de comunicación o de los dirigentes más conocidos de la época (que en muchos casos era la misma, puesto que las entrevistas y vídeos recogían las opiniones de los dirigentes visibles)

Y si bien la visión de quienes tuvimos la oportunidad de representar públicamente al movimiento estudiantil en ese momento será fundamental para entender los difíciles momentos, coyunturas y tras bastidores de esa turbulenta etapa política, es tan o más importante el adentrarse en el estudio de las razones y vivencias de esos miles de jóvenes que, a pesar de no haber participado anteriormente en política, decidieron arriesgarlo todo y asumir en primera fila la defensa de la libertad.

Creo profundamente en la relación directa que existe entre el resultado de un gran proceso de transformación social y la calidad de su liderazgo, pero el liderazgo no puede ser entendido únicamente como aquel que logra el reconocimiento público o se encuentra en las últimas instancias de poder: las grandes transformaciones sociales han requerido, y requerirán siempre, de cientos y miles de "líderes" cuya acción, mayoritariamente anónima, determinan el triunfo o fracaso en una gran batalla.

Cuántos soldados murieron para salvar la vida de Bolívar en batalla? Quienes lograron levantar las primeras manifestaciones democráticas en aquel 23 de enero de 1958? Quién o quienes derribaron literalmente el muro de Berlín?

O para poner ejemplos mucho más recientes, quién dio el primer grito de rebelión en la Plaza Tahrir de Egipto o en las calles de Bengazi en el Líbano? Fueron sólo los discursos a través de los grandes medios de comunicación los que llevaron a millones de estadounidenses a convertir a Obama en el primer presidente negro de los Estados Unidos?

Tras cada proceso o cambio no existe un solo líder: existen cientos de "líderes" que dan un paso al frente y que sin mayores pretensiones logran generar grandes cambios.

De eso trata esta crónica: del testimonio de un estudiante universitario que, arriesgando su vida por sus principios, nos sirve de ejemplo para entender las motivaciones y vivencias de quienes hicieron posible la victoria histórica de aquel 2 de diciembre de 2007. La historia de miles de estudiantes que, sin mayor dirección u organización, decidieron hacer cada uno lo que estuviera en sus manos para salvar a Venezuela.

Para esa fecha, el autor era un activista clave dentro del grupo de líderes estudiantiles que dirigían la Universidad Monteávila, universidad novel y pequeña, pero no por ello menos aguerrida y sacrificada. La importancia de la mencionada universidad no residía en su número de estudiantes, si no en la convicción y entrega con la que realizaban cada defensa de la libertad.

Más allá de las palabras, los estudiantes de la Universidad Monteávila demostraban que actuaban con toda la conciencia y convicción que requería el momento: nos estábamos jugando la democracia y la libertad de nuestra patria.

Esta no es la historia de Agustín o de los estudiantes de la Universidad Monteávila, si no la historia de miles de estudiantes venezolanos que a lo largo y ancho del país hicieron lo imposible por salvar a nuestra tierra. Quienes vencieron el miedo a ser reprimidos y sobre todo la tentación de responder con violencia al violento. Quienes pasaron semanas en poblados o territorios lejanos a su hogar para llevar un mensaje y garantizar la defensa del voto. Y quienes, a pesar de tener en contra todos los pronósticos, no abandonaron en un solo momento su puesto de trabajo y tarea: la tarea que con sacrificio logró resguardar la democracia en Venezuela.

Esta es la historia de un estudiante, El Estudiante de la Libertad.

Freddy Guevara, ex dirigente estudiantil

Domingo 27 de mayo de 2007. Miles de jóvenes y estudiantes nos encontrábamos en los alrededores de la Comisión Nacional de Telecomunicaciones (Conatel) protestando ante el cierre inminente de Radio Caracas Televisión. No nos unía la defensa de un medio de comunicación social en particular ni los intereses de un grupo empresarial. Nos unía el deseo infinito de vivir en libertad. Nos juntaba el coraje que se debía asumir en tiempos donde los jóvenes sentíamos que se carecía de un liderazgo claro en la conducción política del país. Nos cohesionaba el presente y, especialmente, nuestro futuro. Ese domingo, triste y oscuro en la historia contemporánea de nuestra nación, originó también el nacimiento público de una generación que asumiría la política sin ningún complejo para reivindicarla y contribuir a la defensa de los valores democráticos, tal como ocurrió ese mismo año cuando meses más tarde, el 2 de diciembre, frenamos el intento de reforma constitucional planteada desde el gobierno nacional.

Después de la clausura de RCTV, las diversas protestas universitarias constituyeron el Movimiento

Estudiantil y éste se convirtió en referencia nacional. De la noche a la mañana, Venezuela contaba con decenas de nuevos rostros que tenían un discurso enfocado en la reconciliación entre los ciudadanos, la libertad de expresión y la defensa de los Derechos Humanos y Derechos Civiles. El rol de los jóvenes trascendía a las aulas de clase. Entendimos que si no salíamos a las calles, pronto iba a dejar de ser un medio de comunicación y vendrían por nuestras casas de estudio o cualquier otro espacio que representara una incomodidad para un gobierno que se sentía más fortalecido que nunca luego de la reelección presidencial en diciembre de 2006 y que cada vez menos creía en aquellos que pensaran distinto.

El 15 de agosto de aquel 2007, el Presidente propuso ante la Asamblea Nacional la modificación de 69 artículos de la Constitución que atentaban contra la alternabilidad en los cargos de elección popular, la propiedad privada, la división territorial, el rol de la Fuerza Armada Nacional, la autonomía del Banco Central de Venezuela y otra serie de aspectos que "legalizarían" la doctrina del Socialismo del Siglo XXI que, al igual que otros sistemas como el soviético, cubano o norcoreano, se apegaba al comunismo.

Los estudiantes no teníamos vuelta atrás. Una vez reanudada las clases en octubre de 2007, el ambiente de calle fue hasta más intenso que el de mayo, cuando ocurría el cierre de RCTV. Siempre con nuestras manifestaciones pacíficas, con metodología no violenta y cargadas de creatividad, simbolismo e irreverencia, logramos concentrar a miles de estudiantes en todo el país para llegar a las puertas de los edificios de los distintos poderes públicos, generar debate en las zonas más rurales sobre los riesgos de la reforma constitucional y organizar infinitas asambleas y sesiones del parlamento estudiantil para articularnos y no amilanarnos ante lo que cada vez era más evidente: llamar a votar en contra de la reforma constitucional, a pesar del temor de la gente sobre la transparencia en su ejercicio del sufragio.

Es así como llega el 2 de diciembre. Un día que cambió la vida de una generación. Una jornada larga, donde se confrontó a la presión y amenaza del gobierno de no querer reconocer los resultados. A medida que llegaba la noche, era más claro nuestro triunfo. Recuerdo como en varios periódicos mandaron a retirar la propaganda oficialista que plasmaba un triunfo del "Sí".

A través de pronunciamientos estudiantiles trascendentales, declaraciones como la del general Raúl Isaías Baduel que pedía al CNE dar a conocer los verdaderos resultados y la amenaza cierta de que iríamos a las calles así sea para dejar la vida en defensa de la democracia y libertad, la voz de la mayoría de los venezolanos fue escuchada y el gobierno sufrió su primera derrota en ocho años.

Nació una nueva generación. Los próximos años definirán su rumbo, pero siempre quedará plasmada en la historia esa victoria que causó un punto de inflexión en el comportamiento político nacional posterior.

David Smolansky, ex dirigente estudiantil

Reforma para estudiantes

"Allí aprendí a quitar con piel el frío

Y echar luego mi cuerpo a la llovizna

En manos de la niebla dura y blanca,

En calles del enigma".

Silvio Rodríguez en "Santiago de Chile".

I

El 22 de noviembre, dos semanas antes de la Reforma, vivía con un excesivo temor. Una adrenalina siniestra y espumosa recorría mis venas. Era temprano, el reloj marcaba algún punto entre las dos y las tres de una tarde calurosa. Una pequeña reja separaba al conglomerado grupo estudiantil de la policía dispuesta a reprimir.

Los nervios estaban a flor de piel frente a los efectivos armados. Continuaba corriendo el tiempo y aún sentía ese pequeño temor por todo mi cuerpo. Muchas de las personas que estaban presentes habían sido convencidas por mí y ahora estaban todos esperando una brutal represión, un duro castigo de un régimen que no aceptaba la disidencia. Yo me justificaba. Mientras veía a los funcionarios colocarse sus máscaras, pensaba en que los estudiantes que había convocado a la pequeña manifestación en el recinto habían acudido por su futuro, por su bien. Pero yo sabía que cualquier eventualidad recaería sobre los propulsores de la actividad, es decir un conglomerado grupo de estudiantes.

La orden policial nos había indicado que no podíamos salir a entregar panfletos pero se desafió, defendiendo la libertad de expresión, el derecho a la protesta, y sabíamos lo que vendría. Cuando los policías terminaron de colocarse las máscaras caí en cuenta de que los labios se me habían secado de los nervios. También me alcanzaba la rabia y la impotencia de tener que aguantar una embestida por la suciedad del régimen, así como la indignación y el temor. Lo peor fue la sensación en ese instante previo a la represión: un cúmulo de nervios y una ínfima esperanza de que todo se calme. Las últimas amenazas policiales presagiaban un desenlace terrible, que no se hizo esperar. Inmediatamente comenzaron a caer bombas lacrimógenas. Despavorido, el estudiantado entró a la universidad a resguardarse, pero siguió la guerra. Reinaba el caos, se escuchaban puros gritos y sólo alcanzaba a ver camisetas en movimiento (esas que reflejaban la palma de una mano abierta), poca claridad, nublada por el ardor en los ojos.

En instantes se había roto el diálogo y la cordura había desaparecido. Inmediatamente logré refugiarme detrás de una mesa para evitar los perdigones y de repente, para mi sorpresa, estaba más tranquilo.

Impedido por los árboles que se extendían entre la policía y la reja, las piedras arrojadas no alcanzaban el objetivo. Los policías se protegieron con sus escudos pese al obstáculo de los árboles y disparaban lluvias de bombas lacrimógenas y balas "de goma" sobre el estudiantado mientras recibían el apoyo de la ballena, aquel gran camión que lanzaba agua a presión dentro de la universidad. Los represores llevaban el acostumbrado traje azul con un chaleco antibalas y una máscara que les permitía tragarse el gas; blandían escudos largos y en las manos guardaban bombas y piedras que empezaron a devolver cuando la situación empezó a tornarse larga y les escasearon las bombas.

Vi como también nos lanzaban piedras y llegué a sentir un dolor terrible cuando una de estas impactó sobre mi ceja izquierda. Allí llegó la ayuda, escuché varios gritos, sentí la sangre caliente, espesa, ferrosa, y sin embargo, continuaba de pie, inmóvil y aturdido. En un par de minutos estaba en la enfermería. Sentí ganas de volver a pararme y dirigirme al "campo de batalla" en donde mis compañeros continuaban la lucha. Allí seguí sintiendo el odioso escozor de las bombas que se esparcía, debido a su cantidad, hasta los lugares más recónditos de la diminuta casa de estudios.

El aturdimiento me impedía pensar claramente. No sentía la cabeza y no caía en cuenta de la gran cantidad de sangre que brotaba de mi rostro. Me quería parar. Recuerdo que algunas compañeras, a las que siempre les estaré agradecido, me cuidaron mientras pudieron, haciendo las llamadas pertinentes y obligándome a tranquilizarme. Gaby O, Alicia V y María Elia estaban allí, regañándome como si fuera un hijo terco. Cuando quedé en el sitio sólo con la doctora y su asistente, una bomba cayó a pocos metros, y éstas entraron en pánico. Yo intentaba calmar la situación y apoyarlas; dentro de todo, estaba bastante tranquilo.

La represión duró algunas horas. Más tarde, desde un centro médico, mientras me tomaban puntos, pude ver por televisión la tenaz resistencia que ocurría en mi Universidad. Sentí un orgullo implacable e indescriptible que no alcanzaban a entender las personas que se encontraban en el ambulatorio. Pero por otro lado me molestaba la apatía de ver a las personas que minimizaban la importancia de los sucesos y del porvenir del país, personas que siquiera sabían lo que estaba por ocurrir en Venezuela y que, en lugar de afectarles la situación, salían iracundos ante el tráfico de una ciudad ya caótica, agravado por el "tráfico involuntario" que se producía como consecuencia de las protestas en las calles.

Al día siguiente se repetiría la historia: Vendría otra manifestación y por supuesto, otra represión. Era un viernes lluvioso, en el que el barro intensificó la dificultad para maniobrar. La sed y el hambre también era obstáculo para la igualdad entre los bandos. La situación empeoró, ya que la batalla duró hasta bien entrada la noche y vi como personas sufrían asfixia por las bombas. La policía rodeó la universidad para que nadie pudiera huir. La tensa situación se calmó cuando la oscuridad impidió el desenvolvimiento de las acciones y por fin se pudo salir. El breve descanso solo servía para ganar tiempo. Quedaba una semana para detener la reforma y todo se veía mal. El panorama era bastante complicado.

II

Todo comenzó algunos meses antes, el 15 agosto de 2007, cuando el lanzamiento de una Reforma de la Constitución generó todo el alboroto estudiantil, ese que motivó el presente escrito. El país quedó realmente petrificado cuando el presidente Hugo Chávez Frías se dirigió a la Asamblea Nacional y lanzó su anteproyecto de reforma, uno que hablaba de un cambio en todos los planos de Venezuela, desde la distribución demográfica hasta las competencias de los poderes públicos. El plan lucía macabro y es que la propuesta acababa con toda la identidad nacional y con los rasgos democráticos que se habían cultivado por 40 años antes de la llegada de ese régimen al poder.

Se propusieron dos bloques de proyectos. El primero, el Bloque A, eran medidas propuestas por el propio presidente, en la cual destacaba una realmente preocupante: la reelección indefinida. El Bloque B estaba conformado por planteamientos de la Asamblea Nacional. Esta reforma tenía como fin imponer un modelo socialista totalitario en el país. Múltiples leyes, algunas violatorias a los derechos humanos, se jugaban de un plumazo. La desinformación del régimen, acompañado por una campaña propagandística impresionante buscaba el triunfo electoral del dos de diciembre, apenas cuatro meses después.

Se buscaba reorganizar la situación geográfica del país. Las nuevas autoridades regionales serían nombradas a dedo por el presidente, buscando reducir la capacidad de gobernadores, alcaldes y concejales. De este modo, se buscaba centralizar el poder. En el Palacio de Miraflores se debía solucionar todo.

La Ley de la Fuerza Armada Nacional Bolivariana en la que la Milicia Bolivariana adquiría un poder militar, debilitaba al Ejército, a la Armada, Aviación y Guardia Nacional. La Milicia, dependiente del Presidente de la República, se encargaría de entrenar, preparar y organizar al pueblo en la defensa integral. El pueblo tendría las armas. La Milicia estaría conformada por la Reserva Militar y la Milicia Territorial, conformada por ciudadanos que voluntariamente se organizaran para cumplir funciones de defensa de la nación.

Desaparecería la Propiedad Privada. No seríamos más propietarios, sino que pasaríamos a ser "adjudicatarios", además el país pasaba a ser una utilidad pública. El sistema, al pasar a ser un sistema de producción colectivista, permitiría al Estado convertirse en dueño de todo, por lo cual los habitantes pasaban a ser simples usuarios.

El socialismo agrario suprimiría la generación de riquezas, fuentes de empleo y comercialización de bienes. El sistema económico, y la moneda nacional, sufrían un gran peligro. Inclusive se especulaba con un posible sistema de trueque. Era un total retroceso.

La educación también era golpeada. El sistema educativo pasaría a ser socialista, por lo que el libre pensamiento recibiría un duro golpe. No habría autonomía universitaria y los Centros de Estudiantes estarían supeditados por personeros del Gobierno.

Muchas leyes más se implementaban. Sin embargo, el mayor beneficiado era el mandamás Hugo Chávez Frías. Se propondría la reelección indefinida y el manejo del Banco Central por parte del presidente. El país perdía poder y los poderes públicos se debilitaban más de lo que estaban, rindiéndole pleitesía al tirano y subyugando a la democracia.

Ignoraban preceptos básicos de la constitución, debido a que se modificaba la carta magna cambiando el modelo político, así como contra la estructura político social por la creación de los poderes regionales. También se violaba el sistema socio-económico, al rechazar la propiedad privada y eliminar la libre iniciativa, la descentralización, ya que el poder se centraba en Miraflores, y contra la justicia, ya que el gobierno actuaba contra los Derechos Ciudadanos sin participación los órganos de justicia constitucionales.

Los Derechos Humanos también eran menoscabados. El derecho a la Paz (ya que se promovía la confrontación y la guerra, además llamándose a participar en dichos conflictos), el derecho a la igualdad de oportunidades para todos (se crea un régimen económico separado obligándose a ser socialistas), el derecho al pluralismo en la educación y la política (pensamiento único desde la escuela), Derecho a la Propiedad Privada (la propiedad social sería asignada por el estado), el derecho a la Libertad Ciudadana (todo debería estar ligado al socialismo) y el derecho a la libertad de asociación.

Muchas leyes más golpeaban a la Carta Magna y a los derechos humanos. En caso de ganar, el régimen se abalanzaría contra la democracia, consolidando un sistema de personalista y de tendencia totalitaria. Había que hacer algo, y los estudiantes, ante la ausencia de una oposición política sólida, tomaban la manija del país. Todo había sido muy rápido y las elecciones ya estaban pautadas: 02 de diciembre de 2007.

En las universidades arrancaba la defensa de la constitución...

El Movimiento Estudiantil

"Amigos y nada más

El resto es la selva".

Facundo Cabral, trovador argentino.

III

La ola de represión había iniciado meses antes, el 27 mayo de 2007, tres meses antes del lanzamiento de la Reforma Constitucional, cuando el gobierno consideró pertinente no renovarle la concesión al canal televisivo RCTV, empresa relacionada con la oposición. Ese fatídico domingo vio como muchos venezolanos se dirigieron a CONATEL, organismo del Estado que se encargaba de la operación. Una fuerte represión llevada a cabo por la guardia nacional acababa con la protesta, pero también daba inicio al Movimiento Estudiantil.

Los siguientes dos días fueron de fuerte lucha en la plaza Brión de Chacaíto, la batalla que se prolongó hasta largas horas de la noche fue de gran intensidad por el poder de la lluvia y de las asfixiantes bombas. El estudiantado se encontró gritando consignas políticas bajo el chaparrón feroz y la Guardia Nacional postrada debajo el puente de El Rosal, comenzó de manera crónica la represión.

Arrancaba la lucha y la persecución militar que nos obligaba a colocar obstáculos de basura para impedir la llegada de la Ballena. Luego tocaba correr para ganar tiempo. Pero en esos días una luz de esperanza abrigó al país, pues nacía una fuerza que buscaba la reconciliación nacional, el Movimiento Estudiantil, grupo de estudiantes de todas las universidades que se rebelaban contra el régimen.

La lucha de RCTV, uno de los pocos canales opositores al régimen, se convirtió en la lucha de muchos venezolanos. No por el canal en sí, sino por lo que significaba la libertad de expresión. El dolor de una gran parte de la sociedad, que vio como de manera abrupta, a las 12:00 AM se iba la señal para darle paso a un nuevo canal, se convirtió en fortaleza para combatir.

Pese a no poder impedir el cierre del canal, el Movimiento tomó una credibilidad enorme y los nombres de los líderes estudiantiles tuvieron más renombre que los de cualquier político. Pero ahora había una lucha nueva, la reforma se cernía sobre el país y este fenómeno era la única cabeza con credibilidad capaz de detener el inminente peligro.

Se había sembrado una semilla. Con el pasar de los meses, la presencia en la calle del Movimiento Estudiantil disminuía, pero no se amilanaba en las aulas. Los estudiantes continuaban siendo el amplio dominador de la opinión pública del país, y si bien todo parecía volver a la normalidad, dentro de las aulas se continuaba trabajando.

El cierre de esta fase del proceso fue una jornada memorable: miles de estudiantes se reunieron en el Estadio Olímpico de la UCV a una gran asamblea que contó con la presencia del humorista Bobby Comedia y la cantante Soledad Bravo, quien al son del "Que Vivan los Estudiantes" cerró la noche.

Si bien la protesta se diluyó con el tiempo, con el arranque de la campaña electoral por la reforma, volvieron los estudiantes a la calle. Nuevamente se estaba en la lucha, y esta vez, colaborando activamente. No era un tema de oposición, sino más bien, de proposición.

Fue en esa instancia que bombardearon y asfixiaron a la Universidad Monteávila (Hecho narrado en el arranque de este escrito). No fue la única afectada, pues la Universidad Metropolitana y la Universidad

Católica también se convirtieron en verdaderos conatos de lucha y de debates. Eran fuertemente representadas y también recibían los ataques sistemáticos del Gobierno, tanto a nivel de represión como en el plano mediático, siendo sus dirigentes fuertemente vapuleados.

Normalmente las trabas las ponían cuando un grupo identificado del Movimiento Estudiantil salía a la calle a entregar panfletos, claro que para respaldarse la policía lo permitía salir por una pequeña cantidad de tiempo, es decir, que había una fachada de legalidad que impedía algo tan legítimo como era entregar un papel en la calle. Si lo hacías te reprimían. Entonces comenzó la protesta inteligente: esperar que los semáforos se pusieran en rojo, pararse sobre el rayado con pancartas que informaran artículos de la reforma o inmiscuirse en el metro y entrar a informar con panfletos, pancartas o con el verbo cara a cara.

De vez en cuando se salía a la calle y claro que para ello había que negociar. Allí se salía, se manifestaba, y cuando reprimían se luchaba. El Movimiento empezó a comunicar a una sociedad cansada de la política, y que a tan sólo un mes de las elecciones se encontraba realmente desinformada. Con esto se buscaba que el venezolano supiera elegir de manera objetiva y se diera cuenta lo que estaba en juego. Se buscaba que se eligiera una decisión, votar a favor o en contra de la reforma, pero no que decidieran si votar a favor o en contra de un régimen que daba carta abierta a la polarización.

La Campaña

"Si yo he vivido parao,

Ay que me entierren parao,

Si pagué el precio que paga

El que no vive arrodillado".

Rubén Blades en "Parao".

IV

En junio de 2007, una vez pasado el furor del Movimiento Estudiantil, en la Universidad Monteávila se comenzó a trabajar para que se creara el Centro de Estudiantes de la Casa de Estudios, con dos planchas distintas. Por primera vez en la historia, tras muchas discusiones y debates, el recinto permitiría la creación de la organización.

Un primer bando lo conformábamos Ronel G, Luis Ignacio (Nacho), Adolfo B, Ángel P, Eduardo A, Carlos A, Alejandra R, Alfredo Q, Juan B, Alicia V, Federica A, Gaby O, Maria Elia y mi persona, entre otros. Éramos un grupo extraordinario, con tintes artísticos y de verdadera vocación social. En ocasiones subíamos a los barrios, organizábamos torneos de fútbol, y se colocaban secciones artísticas. Todo esto, y ligado al Movimiento Estudiantil, daba origen a un primer grupo con ganas de crear el Centro de Estudiantes. Además, siempre se buscaba dar clases en la calle, en plazas y en las afueras del recinto universitario, algo propiciado principalmente por el profesor Daniel González.

Particular era la amistad que me unía con Ronel G, Eduardo A y Adolfo B. Con Eduardo discutía de fútbol todos los días, tampoco escapaba a nuestra conversa la política. Era un demócrata ferviente que defendía la legitimidad por sobre todo. Con Ronel G y Adolfo B hice amistad pronto. Con el primero destacaba las conversaciones y las anécdotas de combate, mientras que hice amistad con Adolfo B luego de una colecta, en el que tras pedir recursos en las calles para eventos estudiantiles, logramos la mayor cantidad de dinero en la capital. A partir de allí, siempre fuimos equipo.

Por otro lado estaba una competencia realmente muy buena. Si bien diferíamos en muchos aspectos, era un grupo humano excelente. El grupo estaba conformado por líderes innatos como Daniel B, Adrián S, Alejandro R, Enrique T, Pablo y las hermanas Zubeldia entre otros. Era la contraparte, pero tenían una voluntad política y social maravillosa también.

Sin embargo, en agosto de 2007, Chávez se dirigió al país para proponer la Reforma Constitucional. Eso no desequilibró la lucha en la Monteávila. Más allá de las luchas internas, todo fue hacia un mismo norte. El discurso de Chávez no sólo no evitó la debacle en la lucha interna, sino que más bien fortaleció la unidad. La prioridad del país permitió que ambas ramas se unieran. En las reuniones nocturnas había colaboración conjunta, había unidad y ganas, y sobre todo esperanza por ganar en las urnas en diciembre. Sin embargo, las discusiones por la forma de las protestas siempre estaban presentes.

Cuando iniciaron las primeras arremetidas, marchas y protestas, luchábamos juntos. Cuando las primeras bombas irrumpían en el ambiente, nos protegíamos acompañados. Pese a las constantes diferencias el país tomaba un papel privilegiado, y las elecciones internas se suspendieron hasta después de la reforma, en proposición conjunta. Era agosto, quedaba cuatro meses para el evento electoral del país más importante en los últimos años y si no nos uníamos, era seguro que todos perdíamos.

V

La primera vez que la policía nos reprimió de cara a la reforma constitucional, fue poco tiempo después de que el presidente Chávez se dirigiera a la Asamblea Nacional (AN), en agosto de 2007. Circularon los primeros panfletos por el "NO" que contenían información para que la gente no votara con los ojos cegados.

En esta ajetreada mañana vimos cómo una Ballena se dirigía hasta la puerta de la Universidad, allí en donde trancábamos un canal de la autopista para entregar panfletos e informar a la gente. Se acercaba el gigantesco camión pero, por mucho que tratáramos de ganar tiempo, nada impediría que el tanque de agua llegara.

En ese trajín se escuchó en las estaciones de radio de todo el país que un ex-miembro del gabinete del gobierno, el General Raúl Baduel, se pronunciaba en contra del proyecto presidencial y respaldaba a la institucionalidad.

- *"Miren, les quedan diez minutos, si no se van, los reprimimos"*- claro y concreto nos comunicó la policía cuando la Ballena había llegado.

-¿*"Nos quedamos o nos vamos"?*- preguntaba eufórico el estudiante Daniel Rodríguez con un megáfono.

En ese tenso momento, en el que uno sabe que va a empezar una sacudida terrible, invade un vértigo exorbitante, excitación y temor. Algunos empezaron a retirarse, otros decidimos quedarnos y un pequeño grupo dudaba. Se instalaron en la puerta de la reja, queriendo apoyar, con un dejo de nervios, limitando el acceso a la Universidad en caso de emergencia. Al ser mi primera experiencia de una represión en el recinto, la presión me invadía: sentía una gran responsabilidad, y era tarde para tomar otra decisión.

En ese momento sabíamos que otra Casa de Estudios que se ubicaba cerca, la Universidad Metropolitana (UNIMET), también había salido a protestar y concluimos que si bien la policía estaba allí para encargarse de nosotros, la Ballena iba dirigida a la otra UNIMET. Así que decidimos ganar tiempo para que la resistencia contra la Guardia

Nacional en la otra universidad durara más: voluntariamente nos ofrecíamos como carne de cañón.

Había cruces de opiniones, los temerosos pedían aceptar la advertencia policial y abortar la protesta, un grupo resolvía enfrentarlos, otros, entre los que me encontraba yo, argumentábamos resistencia pacífica. Tras discusiones, resolvimos quedarnos mientras escuchábamos a los funcionarios.

Habían corrido pocos minutos, estábamos un grupo aproximado de 30 estudiantes frente a frente con un grupo de policías que rondaba la veintena y que se encontraban apoyados por el camión de agua. En ese instante se pusieron las máscaras de gas, uno sabía lo que venía y la adrenalina recorría el cuerpo de todos. Todavía no tocábamos los diez minutos. En ese instante comenzó el caos: llegó la Ballena, se pusieron las máscaras e inició la reprimenda. El lugar se llenaba de bombas lacrimógenas y agua con presión.

Recuerdo ver a estudiantes, hombres y mujeres, mostrando las manos desnudas para evidenciar el pacifismo como bandera. Sin embargo la Ballena empezó a jugar con nosotros disparando a uno por uno. Se veía claramente como el cañón apuntaba a cada uno para bombearle. Yo sentí unos nervios terribles y vi cómo el agua apuntaba a la cara de Nacho Hernández, disparándole y golpeándole en el ojo. Se revolvía en el suelo de dolor.

Nacho Hernández era una persona con gran vocación política. Voluntarioso como pocos, se movía todo el día en la Universidad buscando a personas que apoyaran las actividades. Fue el pionero del Movimiento Estudiantil y junto a Ronel Gaglio, sin que nadie les conociera, se montaron en sillas y mesas promoviendo la protesta cuando todo apenas arrancaba. Juntos desplegaban panfletos a las personas incentivando a moverse y siempre era el primero en dar la cara. El debate literario con él era bastante completo, ya habíamos compartido algunas charlas acerca del tema. Recuerdo que le gustaba bastante la lectura de George Orwell, especialmente *1984* y *Animal Farm*, así como Robert D. Kaplan.

Ayudaban a Nacho, y seguidamente continuaba la represión. Vi cómo el disparador me apuntaba por lo que me acerqué a un policía de manera que la

Ballena renunciara a atacarme por temor de errar y dañar a su aliado. Me equivoqué. La ráfaga de agua me golpeó de lleno en el pecho y me desplazó metros atrás.

Con el caos y las bombas lacrimógenas cubriendo el área, nos arrodillamos con las manos al aire en señal de paz pero el agua y el gas siguieron mermando la resistencia. Los más radicales empezaron a arrojar piedras a los funcionarios y al camión hasta que les fue imposible. La asfixia empezó a hacerme desfallecer y la vista se me nublaba mientras tanteaba con las manos la reja, colapsada entre personas corriendo y curiosos, tratando llegar a la universidad. Una vez dentro del recinto me sentí obligado a sentarme en una piedra a tomar el aire perdido antes de llegar al auditorio donde se haría una asamblea. La sacudida había sido breve, pero muy potente y la indignación destruía. Podía ver la impotencia en la gente y el dolor de algunos. Todos estudiantes.

Era la primera represión de muchos y la desesperación y humillación se hizo latente en la gente. La noticia de estudiantes presos de la

Metropolitana hizo mella y la parada de la guardia policial fue el siguiente objetivo. Más tranquilos, un par de horas más tarde, y con los ánimos apaciguados, se marchó hasta la sede de la policía. En la puerta del recinto policial se gritó hasta poder ver la liberación de dos jóvenes que hasta hacía pocas horas habían estado protestando por justicia en el país.

Hasta la plaza de Chacaíto se marchó después bajo una lluvia torrencial y allí se volvió a clamar justicia. Una marcha de cientos de personas sintió el frío y el cansancio, pero los ánimos no se amilanaron. El fin de un día ajetreado había terminado con la consigna de justicia, esa lucha por lo que todo había comenzado.

VI

Eran muchos los amigos que apoyaban en la lucha para vencer a la reforma. Uno en particular, al que recuerdo mucho por su desempeño era Alejandro T. No era cualquier persona, era un tipo muy inteligente y además, comprometido. En el plano humano era intachable. Había compartido con él numerosas tertulias y momentos, además de conversaciones interesantes y días importantes. Fue el, junto a mi buen amigo Carlos Z quien me llevó a atenciones médicas cuando recibí el impacto de la piedra en la cabeza.

Que se hubiera involucrado hablaba del éxito del Movimiento Estudiantil. Si bien tenía un compromiso importante, y estaba dotado de gran inteligencia, era una persona excesivamente crítica. En los años previos habíamos compartido innumerables cervezas con innumerables discusiones y conversaciones. Algunas veces, en mi terquedad manifiesta, le di la razón.

Cuando iniciaron las primeras protestas, una de ellas se efectuó en La Trinidad. La represión fue tan grande que tuvo que salir corriendo unos kilómetros. La labor de Alejandro fue maravillosa. De manera repetitiva iba y regresaba ayudando a gente.

Tuvo un reconocimiento particular y único. Cuando todo hubo terminado y finalmente se preparó a entrar a su edificio, fue aplaudido por las personas que se encontraban cerca, muchos de ellos habían estado en la protesta poco tiempo antes. Era un gran reconocimiento, maravilloso. El Movimiento Estudiantil era alabado por el país.

VII

Dos de los compañeros más leales eran Adolfo B y Eduardo A. Eran aguerridos, voluntariosos y de esos que no se cansaban jamás. Nunca hubo excusas para no ir a una actividad, y por demás, eran de los que más generaban. Ambos llegarían a estar cerca de uno de los principales miembros del Gobierno. La verdadera cara del régimen se vio reflejada en el verbo de uno de los ministros más repudiados por la oposición: Pedro Carreño, ministro de Interior y Justicia. Eduardo y Adolfo no se le amilanarían.

El funcionario contaba con una dilatada carrera dentro del régimen. Fue capitán durante el fallido golpe de estado del 04 de febrero de 1992 y su fidelidad a Hugo Chávez había sido bien recompensada.

Carrero se había ganado el mote de "represor del régimen" al manejar las fuerzas policiales del estado, y sus continuas contradicciones en la pantalla eran evidentes y descaradas. Tras diversos puestos en el gabinete, pasaría a ser el hombre del trabajo sucio al frente del Ministerio de Interior y Justicia.

Había un hecho en particular que atacaba la credibilidad del Ministro. Pocos días antes, la Escuela de Acción Social de la Universidad Central de Venezuela (UCV) fue tomada por civiles armados, que vestían los colores pro-chavista. Hubo disparos y heridos de bala. Principalmente personas que venían de la marcha por el "No a la Reforma".

Los videos aficionados que pasaron los canales de televisión pocas horas después mostraban claramente a los estudiantes armados y a la emboscada que ocurría en la universidad. Al poco tiempo de eso, el canal del estado habló de una manipulación mediática y sacó en pantalla a esos estudiantes de la Central que hasta hacía poco rato habían salido en la televisión disparando. No solo decían que ellos habían sido los agredidos, sino que el gobierno, luego de adjudicarles el rol de víctima, permitió al ministro salir en cadena nacional a decir que la verdad era que los estudiantes de oposición habían agredido con armas de fuego y que los simpatizantes del gobierno sólo buscaban defenderse, y para ello usaban piedras.

El ministro de dudosa reputación, quién había asegurado que Estados Unidos espiaba a los venezolanos a través de las antenas de DirecTV, se convirtió en uno de los funcionarios del chavismo más repudiados. Muchas consignas empezaron a atacarle, y los siguientes panfletos hacían referencias a las mentiras del ministro. El señor Carreño, quizás sin quererlo, se convirtió en el hombre de moda en el país.

El tema es que, mientras algunos estudiantes se encontraban en la Plaza Brión de Chacaíto protestando, una pequeña manifestación en pro del "SI a la reforma" se encontraba congregada frente a una tarima. Los dos estudiantes aprovecharon el tumulto para inmiscuirse y entregar panfletos e información sobre la reforma. Hasta que en ese momento existió una pequeña abertura que permitía el paso a la tarima en la que se encontraba el propio ministro Carreño.

Anonadados por su fortuna los dos estudiantes se acercaron lo suficiente y lograron acercarse lo suficiente como para darle el panfleto al ministro, que indiferente y viendo a la multitud, obviaba lo que le entregaban y al par de estudiantes que se encontraba al lado.

- *Somos estudiantes*- dijo uno de estos a lo que el ministro volteó a verlos.

Aturdido y sin nada que decir, Carreño miró a los estudiantes y a su guardia personal.

- *Diga la verdad*- continuaron diciendo los estudiantes antes de dar media vuelta y marcharse.

El ministro se quedó pálido.

VIII

El ventajismo oficialista era supremo. La campaña del oficialismo agobiaba en todos los rincones y violaba numerosas reglas. Las cadenas nacionales, en las que se descalificaba al movimiento estudiantil, duraban horas. Además en todos los rincones había propaganda en alusión al régimen y en contra de los estudiantes.

Desde que Chávez anunciara la reforma el 15 de agosto, la campaña fue inmediata. Seguidamente en las Universidades se comenzó a estudiar el evento que se avecinaba, las nuevas leyes, y a fraguar nuevas acciones. El bombardeo del régimen era voraz y se volcaba más a desinformar que a informar, basando todo en alabar a Chávez, y a una dirección que parecía más religiosa que política.

El Registro electoral generaba dudas. Cedulados, había miles de nuevos votantes, algunos de otras latitudes que entregaban sus votos al régimen. También se hablaba de la poca transparencia del voto. Este drama se repetía en los poderes públicos, en donde todos eran obligados a votar y en donde rondaba el temor de algunos que habían sido despedidos de sus trabajos en anteriores disputas electorales.

El CNE era por naturaleza fraudulento, tal cual comprobaría la organización electoral Esdata. El grupo compuesto por expertos electorales había demostrado que el voto no era ni totalmente secreto ni libre, por lo cual no era auténtico. Las diversas trácalas del régimen permitían que el gobierno sumara muchos más votos de los reales, sin embargo, en diversos grupos de oposición, no había un verdadero interés por combatir esta idea, e inclusive, asumían los procesos electorales como procesos legítimos, quizá ante la idea de subsistir o cohabitar con el régimen.

La organización Esdata explicaba paso a paso los procesos fraudulentos. Mi hermana, Luis G Mendoza, quien peleaba fuertemente en la UCV y mi persona buscábamos multiplicar esta información, la cual definitivamente demostraba que la victoria electoral era muy difícil si no se contaba con grupos dispuestos a presionar realmente al régimen, bien sea con acciones de calle o con fuerza mediática.

Además, ante las consecuentes protestas estudiantiles, el trabajo represor del régimen era tajante. Sin embargo, ante la ausencia de poderes públicos reales, que permitió a un rector del CNE a convertirse en Vicepresidente de la República como en el caso de Jorge Rodríguez, no había respuestas positivas para la sociedad civil. Era un clima paranoico, y adverso ante un gobierno con tintes totalitarios que se movía sin escrúpulos.

Los Hombres Grises

"No cuentes lo que hay detrás de aquel espejo

No tendrás poder

Ni abogados, ni testigos".

Charly García en "Canción de Alicia en el país".

IX

Cuando uno batallaba contra el régimen, ya sabía que iba a ser una lucha desigual contra todo un aparato del Estado que se movía sin escrúpulos. Se habían quitado la máscara en Abril de 2002, cinco años antes del momento por el que estábamos pasando.

El 11 de Abril del 2002 la multitud, abarrotada en la Plaza de la meritocracia, gritaba eufórica consignas políticas y esperaba ansiosa marchar hasta el palacio de gobierno para pedir la renuncia del presidente Chávez. Una de las movilizaciones de personas más grande que se haya visto en el país partió directo hasta Miraflores, lo que nos llevaría a darnos cuenta de la verdadera cara del régimen.

En la caminata, en la cual andaba con algunos miembros de mi familia. Se escuchaban ciertos rumores de que en la cabeza de la marcha había ciertos disturbios pero la verdadera dimensión del asunto la captamos a pocas cuadras de la casa de gobierno cuando una señora nos detuvo.

- *Regresen, ustedes están con niños*- señaló a mi madre en referencia a mí debido a mi corta edad.

Ignoramos el percance sin notar la gravedad del asunto. Pero la mujer nos detuvo de nuevo y esta vez nos regañó.

La desinformación era total. Con descaro, Chávez había emitido una cadena de radio y televisión mientras la marcha se desarrollaba y si no era porque algunos canales de televisión desobedecían la orden y partían la pantalla en dos, entonces la masacre no era captada por los medios. La noche era testigo de los radicales sucesos en el país y cuando los medios transmitían las imágenes de francotiradores y de círculos bolivarianos, así como el concejal Richard Peñalver, disparando desde el Puente Llaguno contra la marcha, los deseos de justicia se enardecían más y más en el país.

No pasó mucho tiempo para que diferentes líderes de las fuerzas armadas se alzaran por televisión y retiraran el apoyo al gobierno. En la madrugada Chávez se entregaba y parecía que todo iba a cambiar. Pero no era el fin de la pesadilla, más bien era un inicio para lo que vendría en los siguientes días.

Así como yo, todo el país agolpado al televisor, fue testigo de cómo el nuevo gobierno no podía instalarse en el poder y luego de un polémico decreto se iba cayendo poco a poco. El nuevo gobierno dio signos evidentes de inexperiencia. Formularon un decreto en el que se eliminaba a los gobernadores y diputados y se colocaba a Pedro Carmona como presidente, sin siquiera llamar a una Junta de Gobierno.

A diferencia de Chávez, el nuevo gobierno mostró signos de rectificación: Al día siguiente Carmona leyó un nuevo decreto sólo ante la Televisión, únicamente le acompañaba Guaicaipuro Lameda, quién iba a asumir la presidencia de PDVSA. Era muy tarde y la decisión ya había sido tomada. El 13 de abril los militares volvían a restablecer en el poder a Hugo Chávez. Carmona estaría preso.

Lo que pasó realmente en aquellos fatídicos días se convirtió en misterio, nadie hizo un verdadero esfuerzo para tratar de averiguar la verdad. Sin embargo, la masacre en la que estuvieron incluidos miembros del gobierno, algunos de ellos condecorados posteriormente, y que se trató de ocultar por una cadena nacional, daba al país una verdadera muestra de quiénes eran los que estaban en el poder, quiénes eran aquellos hombres grises cargados de suciedad que dominaban al país y que tomaban medidas arbitrarias para sus beneficios.

Algunos de ellos, miembros del fallido golpe de estado que Chávez había realizado en febrero de 1992, ya contaban con antecedentes negativos, incluso muchos de ellos en posibles casos de corrupción. Éstos eran los enemigos que había que enfrentar en la reforma.

El cierre de la campaña

"Proclamo en voz alta la libertad de pensamiento

y muera el que no piense como yo".

Voltaire, escritor e historiador francés.

X

Las elecciones estaban a la vuelta de la esquina. Quedaban tres días y la situación era bastante compleja. Se combatía ante un Consejo Nacional Electoral parcializado, además la maquinaria del régimen era terrible, y mucho mayor era el nivel de desinformación labrado por el gobierno. Además los panfleteos se habían convertido en algo constante y exitoso, pero de poco alcance.

Quedaba una semana que iba a ser definitiva. Todas las noches nos reuníamos en la Monteávila, al igual que hacían varias universidades en sus determinadas casa de estudios. Paralelamente había encuentros entre varias universidades que plasmaban las actividades grandes. El cansancio acusaba, y pese a encontrarnos con un difícil panorama, llegábamos todos los días a trabajar y salir a la calle.

El lunes 25 de noviembre, a tan sólo seis días de la reforma, se trabajó en frente de la Universidad Metropolitana. Otra ola de represión llegó y nos mandó a correr en la empinada subida del recinto.

Esta vez me quedé absorto con el trabajo de ciertos estudiantes que luchaban con impotencia ante el ataque arrollador. Yo, luego de recibir la peñona en la cabeza tres días antes, me encontraba inutilizado, sin capacidad de hacer nada, por lo que ayudaba a refugiar a aquellos que se encontraban fulminados por las bombas lacrimógenas.

Fueron días de mucho temor y también de valentía. Unos días antes en el que habíamos llegado a entregar panfletos en Chacaíto, estación de metro que mantiene un gran flujo de personas, tuvimos una experiencia impresionante. Apostado en la calle había un gran quiosco del PSUV, en el que se difundía propaganda política a favor del régimen. Había una mesa en el que se encontraban sentados tres delegados del partido del gobierno, que rodaban un video y aproximadamente 60 personas que lo observaban y escuchaban a los propagandistas. Envalentonados, algunos entramos a distintos puntos del sitio y empezamos a distribuir panfletos.

En ese instante, Alejandro Ribas se acercó a la mesa y se dio la mano con el delegado del PSUV de mayor rango. Luego yo me acerqué y ante las miradas atónitas de muchos miembros del chavismo, estábamos hablando y dándonos la mano con funcionarios del gobierno, hablando del derecho a la tolerancia y de unión. Fue maravilloso. Las personas que estaban en el quiosco comenzaron a aplaudir, se acercaron algunas cámaras de televisión y prevaleció un diálogo. Fueron segundos espléndidos, porque a los pocos minutos, los mismos que nos habían estado aplaudiendo empezaron a insultarnos y a lanzarnos cosas. El delegado del partido del gobierno, me agradeció y me pidió que me fuera antes de que el hecho llegara a mayores. Recuerdo que algunas mujeres que venían con nosotros empezaron a llorar y que Alejandro Ribas no se quería mover. En ese momento nos fuimos. Nos trasladamos a entregar más panfletos y todo volvió a la normalidad, pero por algunos segundos todos habíamos sido venezolanos, había existido unión y tolerancia.

Luego, todo se destruyó.

XI

A pocos días de las elecciones, el panorama electoral daba espacios a la duda. A diferencia de anteriores comicios, las encuestas denotaban un sufragio excesivamente cerrado. Acostumbrados a una clara victoria del chavismo, en esta ocasión todo indicaba un final bastante apretado. Los estudios de opinión daban la victoria de Chávez por dos puntos. Otras incluso daban a la oposición como ganadora. Esto ocurría en un país en donde el CNE no actuaba con justicia, sino de manera arbitraria.

Los rumores actuaban en el país. Toda clase de rumor llegaba al oído de todos los venezolanos: que Chávez iba a desconocer la derrota y provocar un autogolpe, que los estudiantes estaban armados; que Baduel iba a tomar la jefatura del poder. Una cantidad innumerable de rumores vaticinaban lo peor y colocaban al pueblo en una situación de incertidumbre.

El gobierno había avalado esta señal de rumores: Mario Silva, conductor del programa de televisión oficialista llamado "La Hojilla" había declarado que los estudiantes habían planeado quemar el país si los resultados electorales favorecían al oficialismo. El plan debería llamarse "El plan tenaza" y estaba dirigido por los estudiantes Yon Goicoechea, Juan Andrés Mejía, Douglas Barrios y Ronel Gaglic. No era verdad.

El jueves 29 de diciembre era el cierre de campaña. La empresa era difícil por lo que el temor abrigaba a muchos de nuestros corazones. Este día nos levantó los ánimos como nada en el mundo: una marcha multitudinaria por el NO había invadido Caracas.

En la tarima los líderes estudiantiles habían dado discursos memorables, y la predicción de Freddy Guevara, dirigente estudiantil de la Universidad Católica y quién poco antes había pronunciado aquel histórico "a que la llenamos, vamos", se cumplió. La avenida Bolívar era todo un mar de gente que había ido con la ilusión de conseguir la victoria electoral.

El temor ante una posibilidad de fraude se trató de anular. Guevara denotó confianza en la autoridad electoral y en los venezolanos: "el pueblo venezolano defenderá su voto". Así mismo otros líderes como

Yon Goicoechea y Stalin González promulgaron la esperanza y la victoria.

Allí la multitud se hizo pequeña. Toda esa alegría presagiaba una jornada llena de patriotismo y de lucha en la calle. De vida democrática y de civismo. La jornada, agotadora, culminó en un ambiente regido por una cordura implacable que finalizó temprano para ahorrar fuerzas.

Luego del evento, mucha gente se trasladó al poliedro de Caracas. En dicha tensión la banda argentina Sodastereo había arribado al país en un regreso altamente anunciado en los medios. Yo, en mi descanso, me asomé al concierto que disfruté bastante. Pude ver a muchas personas uniformadas del movimiento estudiantil en la velada memorable y a miembros de la sociedad civil que también se habían anotado en el día para celebrar el regreso de la banda sureña.

Fue una fantasía, Venezuela vivía uno de los momentos más cruciales de su historia, y con un ambiente de tensión sin precedentes, el país llenaba el aforo de uno de los escenarios más grandes de la capital para disfrutar del rock. Parecía una obra de teatro absurdo al mejor estilo de Eugéne Ionesco.

Al día siguiente me levanté muy temprano y me dirigí a la avenida principal de Las Mercedes. Allí empecé a entregar los panfletos que me quedaban. Había un pequeño grupo de personas que hacían lo mismo, e incluso llegaban afectos al gobierno que se sentaban a hablar con nosotros.

Decidí montarme en un bus a entregar los que me quedaban. Cuando traté de bajarme, el autobús aceleró de manera repentina y quedé suspendido en el aire. El brazo lo tenía bastante raspado y adolorido. Me dolía todo ya que golpeé todo el cuerpo en la avenida principal. Luego me marché a mi casa, quedaban dos días para la reforma.

Esos últimos días fueron de desesperanza. Percibía un clima electoral poco favorable, y una lucha complicada. El tiempo se agotaba. En aquellos días reuníamos a un grupo de mi urbanización para crear planes de contingencia. Para hallar la manera de defendernos ante un posible fraude. Se hablaba de salir a la calle, protesta por internet y se buscaban opciones.

La última noche, el uno de diciembre fue la más triste de mi vida. Con la suerte ya echada, viendo el fracaso del plan de contingencia y la dificultad de hallar un resultado favorable en el proceso electoral, nos quedamos tomando alcohol mirándonos a los ojos. Bromeábamos, pero estábamos deprimidos.

La noche se hizo larga, y el alcohol realizó su efecto. Me costó dormir. Lo percibía como la última noche democrática del país. Al día siguiente todo podía ser terrible, la policía se convertiría en gubernamental, el presidente elegiría a dedo a todos los gobernantes de las regiones, neutralizarían la educación de mis sobrinos y Chávez podría reelegirse cuántas veces quisiera.

Caía en cuenta lo que nos jugábamos. Éramos protagonistas de una verdadera resistencia. Una resistencia ante todo lo que había estado en contra de mi vida, ante la injusticia y la apatía de la gente. Me negaba a convertirme en un apático más, de esos que no se sumergían en la búsqueda de un futuro, o lo que es peor, en un presente. Hacia resistencia contra todo lo que odiaba. Y lamentaba ser de los pocos en un país en el que se adormecían mucho, empezando por dirigencia política.

En ese estupor de depresión maldije mi suerte. Luego me acosté a dormir y tuve un sueño profundo. El despertador sonó a las cuatro de la mañana.

El día definitivo

"La libertad estaba

A la vuelta de la esquina

Pero con la verdad tan lejos

¿Para qué puede servir?"

Bob Dylan en "Jokerman".

XII

El proceso electoral fue bastante lento. Los fallos habituales en las capta huellas y en las máquinas impedían que el proceso tuviera velocidad. Bajo un calor sofocante, la cola se movía lentamente. En dicho momento leía un libro que trataba la historia de algunos dictadores africanos, que habían pasado a la fama por sus excentricidades y sus gobiernos despóticos. Bokassa, Idi Amin y Mobutu Sese Seko se mostraban como emperadores de sus países. Denotaban corrupción y se aferraban al poder. Había muchas similitudes entre estos tiranos y Chávez.

Finalmente ejercí mi derecho al voto a las nueve de la mañana. Seguidamente desayuné en mi casa, mientras Magy, mi hermana, partía a una sala situacional. Luego fui a Misa, y a golpe de mediodía, llamé a Enrique, un compañero ligado al movimiento, para partir a la sala que a nosotros nos correspondía.

Nuestra sala tenía la misión de ayudar a que no hubiera violaciones de derechos humanos durante el proceso electoral. Pisamos un edificio en donde tomamos nuestras credenciales y pronto empezamos a trabajar. Ni siquiera habíamos entrado a la oficina, apenas en la puerta estaba un compañero, Joseph, que nos iba a ayudar. Nos entregó las credenciales y se montó junto a nosotros dos, y una amiga que habíamos buscado minutos antes.

Joseph nos guió a un par de centros de votación en Las Minas de Baruta. Mientras los rumores sacudían mi número telefónico, Joseph nos contó la oscuridad del panorama, "parece que perdimos", dijo con el rostro levemente angustiado y con aire cansado. Era alrededor de las cuatro de la tarde.

Si esa información se manejaba en la sala, y mi hermana, desde otro sitio de control decía lo mismo, había una posibilidad cierta de que esto fuera verdad. Seguidamente marchamos a dos centros de votación, ubicados en Las Minas de Baruta y en La Trinidad. Se hablaba que no funcionaban unas máquinas, e inclusive, que habían arrojado los votos equivocados. Inclusive corrió el rumor que habían llegado motorizados del chavismo presionando. Había sido una falsa alarma pues el sitio había resuelto los inconvenientes que se les habían presentado.

Los rumores continuaban haciendo daño a mi número telefónico, pero la mayor tendencia era negativa. El "Sí" dominaba la escena mediática y la tristeza me embargaba. ¿Y si era cierto? ¿Habría que salir a la calle? La gente del movimiento FORMA (grupo de formación política) no había acudido a las elecciones bajo el argumento de que los derechos humanos no se votan. ¿Sería que ahora nosotros legitimábamos esto, y que nos habíamos equivocado yendo a las urnas?

Le escribí un mensaje a mi familia diciéndoles que el Sí había ganado. Estaba preocupado y anticipé una noche oscura. Le comenté a mi madre que probablemente no dormiría en mi casa y me sentí realmente desolado. Sin embargo, la decisión fue volver a la sala. Allí nos reagruparíamos y sentiría a mis compañeros de lucha cerca.

A las siete de la noche estaba pisando por primera vez la sala. Las pantallas de televisión anticipaban un resultado reñido y la esperanza volvió a mí. Definitivamente iba a ser una noche muy, muy larga.

XIII

Alejandra R era una estudiante sin prototipo de guerrera. Era bastante baja, delgada e increíblemente simpática. Su odio a la injusticia la había convertido en una importante personalidad en el grupo de dirigentes estudiantes de la Universidad. En horas de la tarde, se aventuró junto a un grupo de compañeras a adentrarse a territorio chavista, para filmar y poner en evidencia la ilegal propaganda oficialista.

En la Universidad impresionaba a todos por su atrevimiento, por ser la primera a la hora de la represión. Era un ser humano espectacular, y no le temía a nada. En algunas oportunidades compartíamos charlas en el almuerzo universitario. Siempre me impresionó su postura guerrera, esa que le aventuró a estar en el "ojo del huracán" en un carro, documentando con su cámara.

En su automóvil se encontraban ante las hordas del gobierno, quienes uniformados y con parlantes, se agrupaban de manera multitudinaria. La manifestación la lideraba Lina Ron, principal movilizadora de los círculos bolivarianos, cuerpo de pandillas auspiciado por el chavismo. Alejandra, quien se sentaba detrás del puesto de copiloto, titubeaba para sacar la cámara, pero era una posibilidad única.

Temerosa, se dispuso a filmar por detrás del vidrio, pero una figura se acercó a la ventana del carro. Una persona que se encontraba en la concentración, uniformada de rojo, empezó a señalar la filmadora. Preso de pánico, el conductor bajó la mitad del vidrio, pero Alejandra se dispuso a esconder el valioso instrumento, y lo lanzó debajo del puesto trasero del carro.

El piloto subió el vidrio y se empezó a escuchar los murmullos afuera. El chavista había comenzado a dar la alarma, y el conductor, dispuesto a arrancar, se dio cuenta que el camino lo bloqueaba una camioneta que se había colocado enfrente obstaculizando el paso.

-       Vámonos- se escuchó una aterrorizada voz dentro del carro.

Una espectacular maniobra del piloto logró sacar al automóvil del difícil sitio. Seguidamente, dos camionetas se abalanzaron detrás del conductor que, preso del miedo, se lanzaba a cualquier sitio, pero las camionetas oficialistas continuaban detrás.

Al cabo de los minutos, cuando Alejandra volteó para atrás, la persecución había culminado, en algún momento se habían perdido los oficialistas, y ya era hora de volver a la sala. Estaban temblando.

XIV

Finalmente pude comer algo en la sala de "Derechos Humanos". La gente había empezado a llegar y recuerdo que varios dirigentes opositores se encontraban en el recinto. Allí atendíamos a las llamadas que denunciaban violaciones a los derechos de los votantes y mandábamos abogados y patrullas.

Los abogados Mónica Fernández, Gonzalo Himiob y Alfredo Romero ayudaban como cualquier estudiante. Aquí había varios de distintas universidades, entre ellos se encontraba Eduardo Guaramato, Luis Ignacio Hernández y Ronel Gaglio.

El pasillo principal del apartamento llevaba a la sala principal, la cual se encontraba bordeada por mesas ocupadas por estudiantes que atendían las llamadas de denuncias, a través de algunos teléfonos e incluso celulares. Pegada a la pared se encontraba una televisión grande que transmitía lo relevante en la TV nacional. En la sala contigua se encontraba la cocina, y había otros cuartos adyacentes que estaban prácticamente vacíos.

Finalmente comí algo y tomé un sorbo de refresco, luego me senté a recibir denuncias. Recuerdo una que me heló la sangre en un momento determinado: Una mujer bastante angustiada comentaba que se llevaban las máquinas por la fuerza, había círculos bolivarianos y militares involucrados en el asunto. Más allá de cualquier vuelta que se pudiera darle a la situación, era evidente que había trampa. Todo el proceso había sido fraudulento.

La noche se hacía profunda, y llegaban rumores que en la Plaza Brión de Chacaíto la situación no estaba bien. La Guardia Nacional se encontraba en el sitio, y numerosos estudiantes esperaban el resultado desde la plaza a través de una pantalla. Cualquier denuncia de fraude o resultado desfavorable podían provocar el caos. Un grupo de estudiantes de la sala salió de inmediato a la plaza.

Pronto iba a ocurrir un suceso que pienso a la postre fue determinante. Fue un momento de ilusión y en el que empezamos a creernos que habíamos logrado la hazaña.

Recuerdo que nos sentamos frente al televisor y a golpe de nueve de la noche apareció Yon

Goicoechea. Su sonrisa invaluable denotaba confianza. Hablaba del cambio, de no abandonar las urnas, y de que teníamos que esperar. Recuerdo que en la sala se respiraba, por primera vez en mucho tiempo, una esperanza real.

El optimismo creció más cuando Jorge Rodríguez, representante del chavismo, declaró en televisión con un rostro realmente desencajado. Las cosas no andaban bien para el oficialismo. Su verbo, de poca credibilidad, hablaba de un resultado parejo, que había que esperar. Era la primera vez que no se declaraban ganadores antes de tiempo. No sabíamos si habíamos ganado, pero sí era seguro que la situación se tornaba complicada para ambos bandos.

Empezaron las llamadas entre salas y comandos. Distintos grupos de oposición empezaron a decir que se había logrado la hazaña. Empezaron las llamadas de distintos dirigentes de la oposición, e incluso del movimiento estudiantil, y la victoria del No empezaba a creerse. El júbilo se iba apoderando de nosotros.

Recuerdo que no se podía creer. Debía rondar por las diez de la noche y todavía quedaba mucho tiempo. Aún el CNE no se pronunciaba y eso creaba temor y confusión. Había una alegría pero todos nos manteníamos realmente expectantes. Y aún quedaba mucha noche por delante.

XV

El estrés hacía estragos en muchos de nosotros. Me dirigí al pasillo y entré en un cuarto adyacente. Allí nos encontrábamos algunos estudiantes y nos pusimos a hablar de temas distintos. El internet y las anécdotas pasaban a ser el tema de conversación, entre un grupo de gente que buscaba un espacio de esparcimiento, aunque fuera cuestión de minutos.

Sin embargo, la realidad era que nuestra mente no se alejaba del proceso electoral. Después de indagar algunos minutos por otros temas, volvimos a la sala principal, a lo nuestro.

Todo el mundo se encontraba sentado en el piso y esperábamos resultados. Sin embargo, a las doce sucedió un momento mágico. El himno nacional sonó en todas las pantallas del país, y nos abrazamos todos para empezar a cantar. Era un canto lleno de esperanza, gritábamos eufóricos y emocionados, el "gloria al bravo pueblo" cobraba vigencia después de muchos años y la felicidad se apoderaba de todos.

A todo pulmón entonábamos las notas, y la felicidad era verdadera. Seguidamente tomé un megáfono y empecé a cantar "Que vivan los estudiantes", tema en boga compuesto por Violeta Parra, que hacía énfasis en nuestra lucha. La versión de Mercedes Sosa había sonado en las distintas manifestaciones, y la cantaba emocionado.

La euforia se había apoderado de nosotros, y la ola de rumores cobraba cada vez más fuerza, pero nadie nos arrancaba la victoria. Si nosotros no creíamos en el éxito, ¿entonces quién?, era necesaria nuestra fortaleza para convertirnos en los ganadores de una lucha en la que el gobierno había llevado un gran ventajismo.

Recuerdo que en cuestión de minutos, Gonzalo Himiob nos reunió en un cuarto para darnos informaciones en busca de precauciones. "Chávez se está reuniendo con los militares al parecer, supuestamente ganamos y eso puede llevar a problemas en la calle en caso que Chávez no acepte la derrota"- Explicó- "Es probable que nos quedemos en la sala toda la noche".

Ante esto anuncié a mi familia que me quedaba a pasar la noche en el recinto, por motivos de seguridad no le informé el paradero. Pero el rumor de la victoria empezó a correr por todo el país y por un momento temí la gran desilusión que iba a provocar en caso de no conseguir el resultado. No quería ser el hombre que llevara tanta tristeza, por lo que no me quedaba otra que ganar.

XVI

El silencio reinaba en la sala. La noche se volvía espesa y los nervios estaban de punta. Me levanté del piso y empecé a caminar por la sala como un león enjaulado, pronto llegaron algunos estudiantes que habían estado en la plaza Brion de Chacaíto, quienes se incorporaron a observar la televisión.

Ya era madrugada y aún no habían entregado los resultados. Por la televisión pudimos ver cómo los dirigentes políticos opositores no podían entrar a la sala de totalización. Sólo entraban afectos al régimen y entonces la ilusión empezó a desvanecerse. Sentíamos que se venía un fraude, y la calle se vislumbraba como el siguiente paso.

Temíamos. Los líderes de oposición contaban, supuestamente, con un acceso irrestricto al CNE, sin embargo, estos se quejaban en TV en cuanto los atropellos para que no pasaran al recinto. Sólo se sabía de Julio Borges, máximo dirigente de Primero Justicia, en salas del CNE.

La televisión mostraba el conflicto en las instalaciones del CNE. Ismael García, diputado que había pasado al bando opositor, y Luis Ignacio Planas, secretario general de COPEI, se mostraban nerviosos y molestos. Andrés Velázquez, Pablo Medina y Ramos Allup eran otros que no podían acceder y que se quejaban categóricamente en televisión. Era evidente que la situación estaba realmente delicada.

Seguidamente ocurrió una secuencia de hechos inusitada. En primera instancia los estudiantes se habían pronunciado por TV para hacer público los resultados. Luego apareció Raúl Baduel exigiendo al CNE que diera el boletín con el dictamen que ya todo el país sabía en un mensaje clarísimo y responsabilizando al Gobierno de todo lo que pudiera ocurrir. Era un hecho que todo ocurría a pasos agigantados.

Finalmente, entre conflictos apareció Tibisay Lucena junto a los demás rectores. Era la una y media de la mañana. La rectora se sentó en la silla principal, sola, esperando para decir los resultados y pidiendo que una vez estos fueran arrojados, se celebrara con calma.

Los nervios en la sala estaban realmente en el tope. Yo continuaba caminando, y cuando apareció la rectora en la pantalla de la tv me senté. Todos en el recinto nos encontrábamos sentados y en profundo silencio esperando el resultado. El ansia nos invadía.

La rectora transmitió el habitual discurso protocolar antes de dar los resultados. Finalmente habló Lucena. Primero mencionó el bloque A. El NO lograba el 50,70 % de los votos contra el 49,29% del SI. Allí estalló una algarabía impresionante, recuerdo que el resultado estaba tan apretado que tardé un poco en caer en cuenta, y cuando Ronel, que se encontraba a mi lado, se levantó a gritar nos abrazamos todos en la sala.

Después tocaba el Bloque B. Todos estábamos de pie y cuando el resultado arrojó el 51,05% a favor del NO contra el 48, 44% a favor del SI, todos empezamos a gritar volcados por una alegría impresionante. Seguidamente apareció el presidente Chávez reconociendo la derrota, con rostro visiblemente molesto y con los puños golpeados. Había abrazos, gritos y lágrimas de plena felicidad.

En la sala me abracé con Eduardo Ascanio, también con Nacho Hernández, con todos. Caminé al pasillo con una extraña sensación de calma. Una felicidad interior sin precedentes. Cuando entré recuerdo que escuché a Ronel postrado en una ventana con lágrimas en los ojos y hablando por teléfono. "Ganamos, ganamos" decía sollozando. Abracé a Enrique T, con quien había tenido mis diferencias, pero con quien había vivido grandes momentos tanto en el día como en toda la campaña.

Estuvimos como media hora allí, haciendo llamadas y plenos de satisfacción. Inmediatamente salimos con destino a la quinta del NO. A mitad de camino coincidimos con la plaza Altamira, que se encontraba repleta. Enrique apagó el carro y todos nos quedamos en la plaza, festejábamos entre sollozos, cantos del himno, megáfonos y cervezas. Era Venezuela, había gente de todos los colores y estratos sociales respirando un leve aire democrático.

Recuerdo que llamé a mi hermana llorando, la victoria había sido una felicidad muy grande por el futuro de mis sobrinas. Me sentía pleno. La celebración duró hasta las seis de la mañana. Cuando llegué a la casa mis padres me felicitaron. Dormí unas horas y cuando me levanté aún no me lo creía. Unas semanas más tardes se disputarían otras elecciones, las del Centro de Estudiantes. En ella ganaríamos. Primero habíamos salvado al país y ahora empezábamos a construirlo.

Epílogo

Hugo Chávez no acató a la voluntad popular. Poco tiempo después de los sucesos de diciembre, el Presidente implementó una Ley Habilitante para imponer las medidas rechazadas en la reforma. Aprovechó para ello el período vacacional en el que los estudiantes no estaban para dar la lucha en la calle.

No sólo eso, el Gobierno convocó a una nueva elección por la reelección indefinida. En unas elecciones, de por sí inconstitucionales, aunado a todo el ventajismo relatado anteriormente, fueron nuevamente los estudiantes quienes llevaron el testigo de la oposición. Para muchos fue la mejor de todas las campañas electorales que protagonizaron los escolares, sin embargo, Chávez ganaría posteriormente con evidente ventajismo propagandístico oficialista

Ya en diciembre de 2010, el Gobierno intentó promulgar la ley de universidades. Sin embargo evidentemente no contó con la fuerza estudiantil y estos, alebrestados, se impusieron en la calle. El régimen decidió retirar la ley.

El fin del represor sistema que impera en Venezuela ha tenido altibajos, y desde la irrupción del Movimiento Estudiantil, ha sufrido un estancamiento evidente en un país que grita cambio. Poco a poco, la juventud venezolana se hace un hueco en la calle y asume la política como una vocación honesta.

Con el movimiento estudiantil viví grandes cosas. La experiencia adquirida con diversos líderes como David Smolansky, Javier Martucci, Roberto Patiño, Freddy Guevara, Alejandro Mejía, Mariana Hernández, Douglas Barrios, aunado a los de la Universidad Monteávila, las llevaré en el recuerdo por siempre. Sin embargo, una vez graduado, pese a una breve participación en el naciente partido Voluntad Popular, me dediqué a la carrera profesional y me retiré de la política. Preferí apoyar otras causas más cónsonas con mi pensamiento, afines a la realidad del país, como Un Mundo Sin Mordaza y Esdata.

Para el año 2012, el país vivió una situación particular. Ante las elecciones presidenciales a realizarse en octubre de dicho año, diversos factores de oposición se lanzaron a unas primarias para sacar a un candidato único que rivalizara con un Hugo Chávez inmerso en una enfermedad terminal.

Los candidatos eran el gobernador del Estado Zulia Pablo Pérez, el gobernador del Estado Miranda Henrique Capriles Radonski, la ex directiva de la organización Súmate María Corina Machado, el líder del partido Voluntad Popular Leopoldo López, el dirigente sindical Pablo Medina y el connotado diplomático Diego Arria.

En lo particular diferí de lo planteado por casi todos los candidatos, quienes consideraban que pese a las condiciones electorales, era viable una victoria electoral. Por tal motivo decidí darle mi apoyo al candidato Diego Arria, quien hablaba de una "tarjeta única" en el tarjetón electoral y a realizar una campaña en contra del CNE, para de esta manera poder cobrar en caso de un hipotético robo electoral. Así mismo, había un trasfondo en el discurso, en donde se rescataba el aporte institucional de la cuarta república, así como los logros obtenidos. Era un discurso frontal, con los principios como norte y con una persona cuya reputación mundial era admirada por diplomáticos y personajes de la política internacional.

El grupo de campaña era extraordinario. Compartía con Eduardo R, Alicia E, Francisco E, Juan Bernardo G, Alejandro P, Alfredo Y, Rita De Martino y Oliver Blanco, entre otros, en un comando memorable. Esto sin olvidar a Alberto Franceschi, dirigente de gran trayectoria política.

El resultado no fue el esperado para mi persona, luego que saliera victorioso Henrique Capriles Radonski, quien no accedió a atacar al CNE ni a buscar la tarjeta única. La consecuencia fue estrepitosa y Hugo Chávez salió airoso de su última contienda electoral. Lo más nocivo fue el posterior discurso de Capriles, quien sin tener el total de las actas y omitiendo todas las denuncias de los centros, reconoció sin chistar el resultado. "Se los digo ligerito, no hubo fraude" fue su respuesta mientras miles de personas sufrían robos a mansalva en los centros de votación por parte de los círculos bolivarianos y de las fuerzas armadas en un proceso en el que hasta horas de la tarde, la oposición se imponía en las urnas.

Sin embargo, en 2013, el mandatario falleció y el país tuvo que recurrir nuevamente al sufragio. La oposición presentó a un Capriles renovado y con una actitud positiva, que sí atacaba al CNE y que había aceptado la tarjeta única. Su rival sería Nicolás Maduro Moros, persona cercana a Chávez de dudosa reputación.

En esta ocasión Capriles aparentó estar a la altura y no aceptó su derrota, la cual se había fraguado tras dudosas circunstancias. El país entero sabía que había habido fraude y ante esto se habría un nuevo panorama en el país, en el cual, a la hora de este escrito, se encuentra inmerso. Pero el baruteño se disipó. Pospuso las acciones de calle, y el chavismo pudo sostenerse en el poder.

En 1938, Neville Chamberlain, Primer Ministro británico, huyó a la responsabilidad de su tiempo. Tras reunirse con Adolf Hitler en Múnich en tiempos en que Alemania empezaba a enseñarle los dientes a Europa, arribó a Inglaterra y le habló al país de "paz en nuestro tiempo", omitiendo cualquier amenaza posible. Su predecesor Winston Churchill no rehuyó a la situación y aceptó la Guerra. "Me preguntáis; ¿Cuál es nuestra aspiración?. Puedo responder con una palabra: Victoria, victoria a toda costa, victoria a pesar de todo el terror; victoria por largo y duro que pueda ser su camino; porque, sin victoria, no hay supervivencia", fueron sus palabras al asumir el compromiso con el país.

"Si te humillas para evitar la guerra, tendrás dos cosas: la humillación y la guerra", indicaba el Primer Ministro británico que afrontó la II Guerra Mundial.

Dos visiones distintas. Para Churchill, había que defender a como diera lugar al país. La guerra era justa, había que luchar para ser un país libre. Eso no pasó en Venezuela, donde dirigentes omitieron la oportunidad, la legitimidad y el sentir nacional, y decidieron postergar la situación. No es secreto que las naciones consiguen su libertad tras luchar. A punta de huelgas, Lech Walesa lideró el proceso de independencia polaco, tras protestas, manifestaciones y marchas, Mahatma Gandhi consiguió su objetivo en La India y sin ceder terreno, usando la música y la resistencia, los países bálticos despojaron al comunismo soviético. Son miles los casos en donde la lucha cívica ha conseguido su victoria. No es un tema de sangre, pero sí de lucha.

Cuando me preguntan sobre lo ocurrido en la reforma, el por qué creo que se obtuvo una victoria pese a la situación electoral, soy enfático en que se necesitó de las fuerzas armadas para que el régimen aceptara su derrota, estoy muy claro en que Dios intercedió para que al gobierno le fallara toda la maquinaria para que no pudiera hacer suficiente trampa y por supuesto se gozó de un grupo de estudiantes que habían demostrado su resistencia en la calle y que no estaban dispuestos a negociar con el régimen.

Soy un firme defensor de haber acudido a la reforma. Para muchos, ésta fue un fracaso argumentándose en que igualmente Chávez impulsaría estas leyes con habilitantes. En mi opinión la reforma no sólo permitió ganar tiempo, sino que desmitificó al jerarca venezolano como una persona imbatible electoralmente. Sólo el tiempo dirá si este juicio es correcto o errado.

Y como diría mi amigo Alejandro Trujillo… "Pero igual, para mí….GANAMOS".

www.ingramcontent.com/pod-product-compliance
Lightning Source LLC
Chambersburg PA
CBHW060640290526
45793CB00001B/328